Gallimard Jeunesse/Giboulées
Sous la direction de Colline Faure-Poirée

Conception graphique: Néjib Belhadj Kacem

ISBN : 978-2-07-057675-3
Dépôt légal: janvier 2012
Numéro d'édition: 241514
Loi n° 49956 du 16 juillet 1949
sur les publications destinées à la jeunesse
Imprimé en Belgique par Proost
Premier dépôt légal : Septembre 2006

Pipi au lit

Textes : Dr Catherine Dolto et Colline Faure-Poirée
Illustrations : Frédérick Mansot

GIBOULÉES
GALLIMARD JEUNESSE

C’est vexant de se réveiller le matin
dans un lit tout mouillé de pipi.

Surtout quand on se fait gronder. Encore plus quand les grands se moquent.

Les grandes personnes croient qu'on pourrait se retenir, mais ce n'est pas vrai, on ne peut pas s'en empêcher.

C’est difficile parce que c’est comme si on était un bébé, alors qu’on se sent un grand dans la journée.

Peut-être que quand on dort, on redevient comme un bébé. Peut-être que redevenir petit la nuit, c'est un grand plaisir. Peut-être que quand un bébé arrive dans la famille, on a envie d'être comme lui.

Peut-être qu'on fait de l'eau pour éteindre un feu qui est dans notre rêve.

Peut-être que c'est une façon de pleurer par en bas après une grande émotion, une grande peur ou un grand chagrin, ou une façon de dire aux parents que quelque chose ne va pas dans notre vie ou dans la famille.

Quand on va dormir en dehors de la maison, c'est bien qu'un des parents fasse une petite lettre pour expliquer ce qui peut se passer.

Ça peut aider d'avoir une petite veilleuse, un pot de chambre près de son lit, un verre d'eau sur la table de nuit, un pyjama facile à enlever, et puis d'aller soi-même porter ses draps mouillés devant la machine à laver.

Quand on en a assez et que ça nous rend malheureux, on peut en parler avec le docteur qui nous soigne.

Faire pipi au lit ça peut vouloir dire plein de choses, mais de toute façon ça finit toujours par s'arranger.

Dans la même collection :

1 Filles et garçons
2 Dans tous les sens
3 Des amis de toutes les couleurs
4 Bouger
5 La nuit et le noir
6 Les chagrins
7 Les bêtises
8 Moi et mon ours
9 Les gros mots
10 Les papas
11 Polis pas polis
12 Quand les parents sortent
13 On s'est adoptés
14 Vivre seul avec papa ou maman
15 Gentil méchant
16 Jaloux pas jaloux
17 Attendre un petit frère ou une petite sœur
18 Les mamans
19 Les câlins
20 Un bébé à la maison
21 À la crèche
22 Les colères
23 Les bobos
24 Les grands-parents
25 Attention dans la maison
26 Mon docteur
27 Les doudous
28 Propre
29 Les cadeaux

30 Si on parlait de la mort
31 Respecte mon corps
32 Les parents se séparent
33 Pipi au lit
34 Tout seul
35 Ça fait mal la violence
36 Les premières fois
37 Protégeons la nature
38 Dire non
39 La télévision
40 Y'en a marre des tototes
41 Caca prout
42 La peur
43 Donner
44 Les mensonges
45 Les jumeaux
46 L'opération
47 L'hôpital
48 Les urgences
49 Chez le psy
50 L'amitié
51 La famille
52 La naissance
53 J'ai deux pays dans mon cœur
54 Juste pas juste
55 Changer de maison
56 La maternelle
57 Vivre avec un handicap
58 La honte
59 Frères et sœurs
60 Bouder
61 Raconte-moi une histoire
62 Les animaux de la maison
63 Les vaccins
64 La timidité
65 Fâchés, pas fâchés
66 La rue, mode d'emploi